PAUL MAAR

# Die Maus, die hat Geburtstag heut

*Ein allererster Ratespaß*

Verlag Friedrich Oetinger · Hamburg

Die Maus,
die hat Geburtstag heut.
Gleich kommt Besuch,
der sie sehr freut.

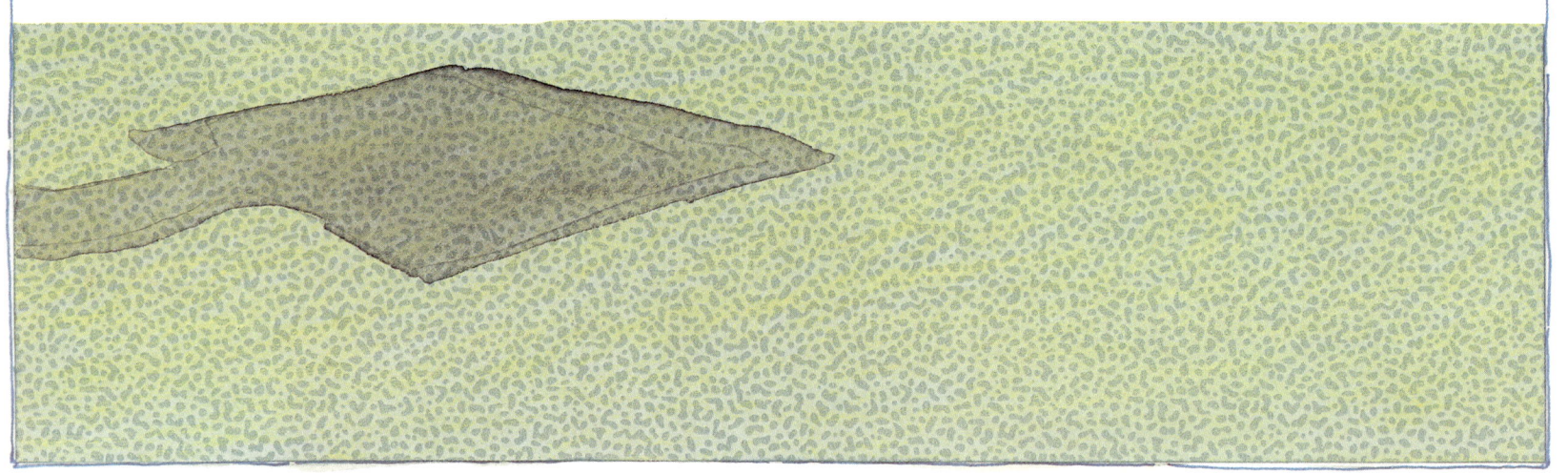

Welches Tier
kommt denn hier
und will der Maus was schenken?

Der Elefant kommt angerannt und will der Maus was schenken.

Nun schau gut hin, nun gib gut Acht:
Was hat der Elefant gebracht?

Die Maus,
die hat Geburtstag heut.
Gleich kommt Besuch,
der sie sehr freut.

Welches Tier
kommt denn hier
und will der Maus was schenken?

Das dicke Schwein kommt jetzt herein und will der Maus was schenken.

Nun schau gut hin, nun gib gut Acht:
Was hat das Schwein denn mitgebracht?

Die Maus,
die hat Geburtstag heut.
Gleich kommt Besuch,
der sie sehr freut.

Welches Tier kommt denn hier und will der Maus was schenken?

Der Vogel Strauß
kommt jetzt ins Haus
und will der Maus was schenken.

Nun schau gut hin, nun gib gut Acht:
Was hat der Vogel Strauß gebracht?

Die Maus,
die hat Geburtstag heut.
Gleich kommt Besuch,
der sie sehr freut.

Welches Tier kommt denn hier und will der Maus was schenken?

Die Weinberg-Schnecke
kriecht um die Ecke
und will der Maus was schenken.

Nun schau gut hin, nun gib gut Acht:
Was hat die Schnecke mitgebracht?

Die Maus,
die hat Geburtstag heut.
Gleich kommt Besuch,
der sie sehr freut.

Welches Tier
kommt denn hier
und will der Maus was schenken?

Der Pinguin
kommt zu ihr hin
und will der Maus was schenken.

Nun schau gut hin, nun gib gut Acht:
Was hat der Pinguin gebracht?

Die Maus,
die hat Geburtstag heut.
Gleich kommt Besuch,
der sie sehr freut.

Welches Tier
kommt denn hier
und will der Maus was schenken?

Das Känguru
kommt auch dazu
und will der Maus was schenken.

Nun schau gut hin, nun gib gut Acht:
Was hat das Känguru gebracht?

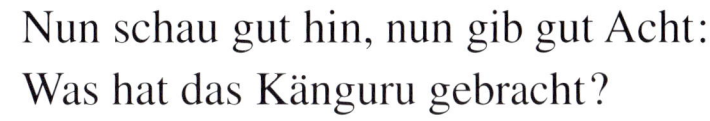

Hier sieht man alle Gäste jetzt,
sie haben sich zu Tisch gesetzt.

Nein, da fehlt ja noch ein Tier!
Sag: Wer sitzt denn noch nicht hier?

Jetzt tanzen Schwein und Pinguin,
das Känguru, der Strauß,
die Schnecke und der Elefant
mit der Geburtstags-Maus.

So tanzten sie bis Mitternacht.
Dann haben alle Schluss gemacht …

… und gingen froh nach Haus.